JN440280

모든 환대와 어떤 환멸

신종호 시집

시인동네 시인선 071

신종호 시집

모든 환대와 어떤 환멸

시인동네

시인의 말

문이 뒤틀렸다. 나의 시는, 이제부터 고독의 분열이다. 영혼의 우기(雨氣)를 견디는, 일개 눈먼 두더지의 경련이고, 조용한 고함이다. 뼈보다 간절한 그 무엇들이 얼굴을 들이대며 서성이는, 비대칭의 검은 문턱에서, 견고한 옹이처럼 박혀 불쾌한 습관의 어깨를 뒤트는 나의, 시간의, 오래된 전율들. 언어들의 대참사. 여기가, 그들의 무덤이다. 뒤틀린 것은 세계가 아니라 나의 의식이다. 암호처럼 스산한 오늘들이여, 부디 잘 가시게!

2017년 1월

신종호

차례

제2부

제3부

제4부

제1부

꿈의 과오를 벗겨내면
현실은 악몽이 된다.

영혼의 쇄빙선

쇄빙선 한 척이 얼음의 관절을 꺾는다. 침묵의 굳센 이빨이 바다의 얼굴을 씹어대고, 겹겹의 맥박으로 빙장(氷葬)되었던 흰 말들의 붉은 심장이 수만 개의 울음소리로 부서지는, 태초의 시간이다. 포세이돈의 삼지창으로, 첫사랑의 옥죄인 다리를 열어 제치고 거친 숨을 몰아쉬는, 아무도 들어본 적 없는 격렬의 광시곡. 하늘이 열리고, 푸른 뼈의 신음이 사방으로 분출하는 생의 요동이다. 순백의 알몸처럼, 빙막을 찢고 길을 열어가는 영혼의 쇄빙선 한 척. 회귀불능으로 솟구치는 일대(一大)의 바다에서, 속살 부르르 떨며 죽어가는, 황홀한 춤들.

북방의 뿔

눈 폭풍 휘몰아치는 설원에서
겨우 자란 이끼를 뜯고 있는 맑은 순록아
덜 자란 뿔이 간지러워
달리고 또 달리다 내 방 문턱에 걸려 넘어진
북방의 어린 순록아
못다 키운 뿔의 꿈을 내게 넘겨줄 수 없겠니?
죄 없는 순록의 얼굴아
불꽃같은 뿔로 밤하늘이라도 실컷 뚫어보렴
너의 부러진 뿔을 가슴에 안고
우주의 구멍 속에 내 뼈와 살을 고요히
묻을 수 있게, 내 가슴도 함께 들이받아 다오.
도시의 골목을 전단지처럼 배회하는
공허한 입들의 가식을
멧돼지보다 질긴 식욕을
노목(老木)처럼 딱딱하게 굳어버린 심장을
비탄의 뿔로 하염없이 찍어다오.
숨이 탁 트이는, 저 황홀의 거대한 구멍으로
지상의 순결한 꿈들만 고이 모아

오로라처럼 소용돌이치며
밤새 신성한 춤을 출 수만 있게 해준다면
순록아,
북방의 어린 순록아
너의 부러진 뿔을 태워
이 세상에 없는
별빛으로 빛나게 하리라.

불협화음

취한 말과 취해가는 말이 말을 나눈다. 고통이다. 사랑한 말과 사랑하는 말이 잔다. 죽음이다. 식은 말과 식어가는 말이 운다. 늪이다. 찢어진 심장과 찢어져 가는 심장으로, 나의 詩여! 목구멍 깊숙이, 불안을 삽입하라. 오해의 말로 이해의 말을 끌고 가는, 썩은 말과 썩어가는 말의 누런 낭독이여, 나는 너의 불친절한 냄새.

틈

나는, 자궁에서 떨어진, 검은 돌. 불꽃을 태우고 있는 중심의 흰 침묵. 꽉 다문, 꽃봉오리들의 뜨거운 입술이 끝내 벌어져, 아름다운 죄의 냄새가 만발하는, 빼근한 골반(骨盤)의 아침. 투명한 사물들의 긴 하품이 창문을 두드리고, 악몽의 틈과 틈이 깨물고 있는, 내 정신의 터진 자루 속으로 흘러드는, 문틈 너머, 어머니 쌀 씻는 소리.

적

삶이 죽음을 질투할 때 꽃이 핀다. 들판 가득, 잉여의 불쾌로 더부룩해진 들꽃들이 들꽃 아닌 것들을 만나, 집단적으로 발작할 때, 세상은 단풍잎 같은 폐렴을 앓는다. 피고 지는 들꽃들의 논리 정연한 죽음을 분석하는 나의 예민한 눈에, 독(毒)이 차오르는 아침. 그 누구에게도, 한 번의 두려움이 되지 못했던 삶이, 저 꽃들의 증오로 타살되기 일보 직전. 뼛속 깊이 숨어 있는 칼날의 하품, 불길하다.

절벽

—내가 나를 볼 수 없는 절대 각도.

바람이 불고, 절벽이 운다. 자신이 벽인지도 몰랐던, 수직의 뜨거운 침묵. 켜켜이 굳어 하늘로 치솟는, 암벽의 근육 속에 붙어 있는, 쇠가마우지 울음소리. 고독이 침묵의 등뼈를 밟고 심해로 추락한다. 수천 년 묵은 사상(思想)의 발목 근처에서, 하얗게 부서지며 춤을 추는, 의심들의 파도들.

저녁놀

나의 詩는, 스스로를 위해 울지 않는 나무들의 정직한 시간을 강탈하여 서정의 노예로 삼는다. 나의 정신은, 밑도 끝도 없는 뿌리의 몰락을 예감하며 지구의 심장을 매일 관통한다. 나의 행위에서 나를 제거한 후, 괄호처럼 붉은 바다를 텀벙텀벙 걸어갈 때, 神의 죽음보다 더 쓸쓸해 보이는, 나의 낡은 신발 속에서 웃고 있는 노을의 외투. 내가 없는 황홀이다.

늪

—비명 없는,
비명의 나르시시즘.

거울이 거울을 보며 자살을 도모한다. 소실될 수 없는, 무한의 투명한 얼굴이 은빛 표면에 누적되어, 거울 밖의 시든 얼굴을 향해 묵은 침을 뱉는다. 거울이 거울을 보며 말한다. 깊어지지 않는 죽음은 얇고 투명하다고……. 긁어도 긁히지 않는, 유리 안의 고통.

돌의 연대기

돌 속으로 걸어 들어가면 아픔도 딱딱하게 굳어 더 이상 자라지 않겠지. 아마 그렇게 될 거야. 돌에 스며, 상처의 안쪽에 바람의 얼굴을 새기자. 그리고 아주 오랜 세월을 견디는 거야. 천둥 낙뢰 맞아가며, 기억의 마디마디를 잘게 부셔버리고, 잔돌이 되는 거야. 그 후로 오랜 세월, 이리저리 온 산천 무심히 굴러다니면서, 내가 돌이었다는 사실도 깨끗이 잊어버리자. 모래가 되어서 바다로 스며드는 거야. 구중심처의 은빛 모래로, 언제나 가볍게……, 함. 몰.

까마귀

황혼이 질 때면, 까마귀 두 눈 감고 운다. 고목나무 쓰러질 때까지 대낮의 태양을 토해내며, 울고 또 운다. 허약한 상징의 숲에, 초승달이라도 뜨는 날이면, 제 영혼조차 새까맣게 태우고, 달빛 살라 어둠을 파먹는 또 하나의 질긴 어둠이 된다. 징조의 이빨이 된다. 고목 사이를 불행처럼 날아다니며 스스로의 뼈와 살을 쪼아대는, 예언자들의 검은 히스테리. 청동의 새벽하늘에 머리를 짓이겨 가며, 쫓겨난 자들의 야윈 고독을 타종하는 변방의 문지기. 잿빛의 쉰 목소리로, 무덤가에 홀로 앉아 앞산의 푸른 이마를 쪼아대는, 영혼의 검은 점(點). 신성한 역병처럼, 한 시절의 경련으로, 까악!

통속적인

내가 나의 적(敵)이다. 부러진 뼈에 걸터앉아, 자학처럼 너의 눈을 바라보는 나는, 문 없는 감옥이다. 죽은 피다. 꽃이 되지 못하고 썩어버린, 죽은 씨앗들의 허파에 세(貰) 들어 사는, 나는 너의 깊은 멸망. 뒤늦은 내가 앞서간 너의 적이 되어 할복한다. 방바닥에 젖어 울고 있는 비린 감정들. 깨진 술병과 널브러진 책 사이에 부러진 각목처럼 홀로 누워 있는, 습관적인 애정결핍증. 밤새 뒤척이며 마른 허벅지로 너의 꿈을 조이다 흘린 살비듬이 싸락눈 되어 내리는, 괄호처럼 비어 있는 우리들의 아침. 구멍 난 검은 스타킹과 담배에 찌들어 말라버린 애증의 침 냄새. 등 뒤에 남아 울고 있는, 늦어버린 후회의 멀미들. 입 없는 창문이 바람에 흔들리는, 새로울 것도 없는, 그렇고 그런 초겨울의 아침.

두더지

—있어야 하는 것은
없어도 되는
이름의 오독(誤讀).

비겁한 영혼들이. 비겁하지 않게 훌륭한 춤을 춘다. 보이는 것과 보이지 않는 것의 경계를 넘지 못하는 세상. 나는 두 눈 찌르고 두더지처럼. 제법 산다. 고백이 고백을 용서하고. 한계가 한계를 인정하는 타협의 안개 속에서. 예민한 코를 킁킁거리며. 땅속 마그마 냄새를 홀로 감식한다. 모든 생을. 찰나에 소각시켜버릴 신성한 불을 찾아. 미약하게. 수직의 잠을 잔다. 뜨거운 영혼들이 솟구쳐. 비열하고 예의 없는. 언어들의 얼굴을 태워버릴. 멀고도 가까운. 나에게 없는. 영혼의 구원(救援). 뜨거울수록 맑아지는 꿈을 꾸다가. 문득. 태어나지 말았어야 할 두더지처럼. 그러나 행복한. 검은 아침. 두더지 가죽을 쓰고. 오도독. 오도독. 밥상을 갉아먹는. 나는 너희들의 오독.

전투

—불 피워 밥 한 끼 끓이던
그 시절,
뜨거웠던 사람의 목구멍.

길바닥에 떨어진 아이스크림. 끈적한 몰락의 주변으로 억센 턱의 개미들이 몰려든다. 새카맣게 모여 단물을 빨아대는, 욕망의 빨대. 나의 시간도 다 저렇다. 먹구름 낀 여름, 습기로 눅눅해진 골목에서 나의 얼굴이 어제인 양 녹아내린다. 두 손 툭툭 털며 내일로 돌아가야 할 시간인데, 아직도 덜 자란 꿈이 미로처럼 뜨겁다. 누군가의 정수리에 못을 박고, 그 밑에서 죄 많은 밥을 먹어야 하는, 목이 메어 울컥하는, 내 혀까지 삼켜버리는 숟가락의 단호함. 허물어져 뭉개지는 것들은 정직하다. 밥은, 정당한 좌절이다.

수척한 시간

그저 바람에 흔들렸을 뿐이다. 돌 벽 사이 겨우 뿌리 내리고, 순한 입술 다물어 차렷 자세로, 바람에게 뺨 한번 맞은 일인데, 내가 누구인지 아무도 묻지 않는 옥상의 무심한 적막. 뙤약볕에 그을려, 얼굴 한번 터졌을 뿐인데, 거기 머물러 있으라고, 보랏빛 고독으로, 또 바람은 불고……. 피 말라 몸 가벼워지는 가을이 오기도 전에, 벌써부터 발목이 아프다. 옥상 귀퉁이, 한 평 땅속에서 울컥 솟아 영글어 가는, 저기 도라지꽃으로 멍든 하늘.

세상의 취기

—질긴 것들은 늘 질기다.
그래서 삶이다.

방파제 끝, 이제 막 불이 켜진 등대. 어둡고 밝은 시간이 검푸른 바다에서 솟아나 비릿한 입김을 뿜어댄다. 길게 늘어선 선착장 간이 횟집 도마 위에서, 산 것도 죽은 것도 아닌 광어들이 거친 날숨 몰아쉰다. 낡은 목선 한 척이 녹슨 닻을 몸에 감고 파도 따라 철벅거린다. 떠나려는 것도 돌아오려는 것도 아닌, 올무에 걸린 고라니의 발목처럼, 덜 잘려 대롱거리는 일생의 꿈. 제 몸을 흔들며 울어대는 얼굴들.

초록색 플라스틱 접시 위에서, 초고추장 뒤집어쓰고 생사를 꼼지락 거리는 사지(四肢) 절단된 낙지들. 세상을 떠돌던 먼 슬픔의 토막들이 입속으로 몰려든다. 눈 한번 감았다 뜨는 사이, 너무 많은 것들이 달아나고 죽는다. 젓가락에 매달린 한 입의 후회와 걱정, 내가 없었던 오늘 이전의 풍경. 들여다보니 다 눈 앞의 막막함이다.

취한 고깃배들이 수평선에 걸려 흔들리고, 입가에 들러붙은 빨판들이 꼼지락대며 나를 위로하는 이 멀쩡한 시간. 적막의 끝은 어디까지 왔을까?

육봉연어

—결핍은 휴식이다.

송곳처럼 예리한 족속들은 안다. 회귀가 불길하다는 것을, 몰려갔다 몰려오는 집단의 순례가, 거대하고 단순한 본능의 발기가 한 삶을 갉아먹는 검은 자궁의 이빨이라는 것을 안다. 그래서 그들은 바다로 가지 않는다. 몸집 줄이고, 물살 잔잔한 상류에서 자기만큼의 크기로 산다. 거친 파도와 강물로 단단해진 비늘을 반짝이며 군인처럼 몰려오는 함성과 검붉게 변해버린 살들과 삐뚤어진 입을 더 크게 벌려 죽음의 마지막 장막을 찢어가는, 저들의 황홀한 비명에 도둑처럼 스며 흙내 나는 정액을 뿌리고 작은 시간을 하얗게 떠는, 육봉연어들은 안다. 회귀가 불길하다는 것을. 바다는 자궁의 관(棺)이고, 회귀는 하관(下官)의 오열이라는 것을.

제2부

모든 독백은
말하는 자의 입속으로
내리는 뜨거운 비.

은유의 사막

—정신의 가난은
사막을 횡단하는 낙타의
물주머니.

꽃들은 우주의 장난, 망가진 괘종시계, 구부러진 못, 다 닳아버린 구두 뒤축. 은유는 가난의 씨앗이고, 나는 그의 허영이다. 노예의 혀들이 꽃들의 자궁을 핥아대며 세계의 잔혹을 애무할 때 나의 언어는 바람의 뼈가 되어 사막을 걷는다. 모래는 무덤, 퇴행성관절염을 앓고 있는, 냉소의 봉분. 바람의 목소리는 누렇게 늙었고, 그걸 듣는 나의 귀도 설핏설핏 늙어 간다. 서로가 서로의 녹슨 꿈이 되어 풍화하는, 얇고 긴 꿈들의 행렬. 입 없는 자들의 비명 소리가 무릎 속을 배회하는, 108개의 관절보다 애절한 내 입술과 혀. 스티로폼으로 유리 문지르는 소리에 눈썹까지 하얗게 시들어가는, 볼품없고 허약한 가족들. 나는, 세상 어디에도 편입될 수 없는, 우주적 재앙.

명랑한 사유

—침묵의 뒤뜰에
내가 버린 결단의 발목들이
돌처럼, 단호하다.

비닐봉지에 담아두었던 귤들이 모두 짓물렀다. 탱탱했던 시간의 표면이 물크러지고, 단 즙이 흘러나와 사방천지가 찐득하다. 누군가 은밀하게 실존/권태의 뇌관에 불을 댕긴다. 조용히 퍼져가는 실존/죽음의 바이러스가 나의 살갗을 뚫고 심장에 박힌다. 검게 고인 괴저(壞疽)의 향기. 결연해지는 삶/혁명의, 유치한 고백/전염의 시간들이다. 터진 속에서 뚫린 안으로 퍼져가는, 하나이면서 여럿인 고독의 뜨거운/진지한 얼굴. 무료한 비닐봉지 속에 담긴/죽은 검버섯 낀 여기, 나/너의 빈곤한 무대. 밖은, 개나리꽃 수만 겹으로 살아/떨리는 다이너마이트 같은, 명랑한 四月의 바람, 동시다발적인 입/귀의 마모(磨耗)로, 생각이 온통 풍병(風病)에 걸려, 머리부터 발끝까지, 노란 화농균들 춤춘다. 결핍의 결핍을 배양하는, 生의 비닐봉지!

이빨의 싹

—생명은 모종(某種)의 분노.

짧고 굵은 분노다. 수백만 겹의 부드러운 함성이 씨앗의 정수리를 뚫고 4월의 땅으로 솟구쳐 올랐다. 예민하고 단단한 녹색의 송곳니들이다. 검은 흙 위에 음표처럼 박혀 바람의 연주를 기다리는, 일촉즉발의 폭탄들. 길들은 소리의 뇌관이 되어 나의 무력(無力)을 탐색한다. 싹들의 분노가 나의 혈관을 점령하고, 나는 그들의 확성기가 된다. 어둡고 우울했던 심장의 벽을 물어뜯는, 낯설고 강렬한 이빨들의 아우성. 4월의 주먹들 팽팽하다.

너의 혀

—태양을 핥고 싶은 자의 꿈.

꽃은 씨앗의 왜곡이고, 나는 나의 왜곡이다. 내 앞에 늘 그렇게 앉아 있던 너는 나의 눈먼 질투이기에, 우리의 사랑은 빙하의 발목처럼 아프고 저리다. 창밖으로 바람이 불고, 눈도 가끔 오는 어느 회색빛 오후, 언 강물이 봄을 기다리며 뼈마디를 푸는 이 세계의 소란한 벼랑에서, 내가 나를 밀어뜨리는 절박에 대해 나는 말 걸지 않는다. 꽃의 몸부림은 씨앗의 아픈 기억. 너를 오해하는 방식은 죽은 독백처럼 웅장했다. 내가 모르는 악(惡)의 이빨들이 너의 잇몸을 폐허처럼 뭉그러지게 하는 시간, 그 안에서 뒤틀린 모습으로 구름을 향해 뻗어가던 청춘의 시큼한 뒷덜미를 나는, 안다. 수치를 밀고 가는, 보이지 않는 그 어떤 손에 대해, 내 것도 아니고 너의 것도 아닌 침묵의 얼굴에서 몸부림치며 솟구치는 씨앗들의 거친 숨소리를, 어린 뱀처럼 이제 막 눈을 뜨는, 칼에 찔려 쓰러진 첫사랑의 아름다운 붉은 목젖을, 내 안의 묵은 혀가 울컥 쏟아낸 입 없는 얼굴의 멍게 같은 절규를……. 묻지 말아야할 것을 묻는 나의 발악과 썩어가는 동백꽃 무더기의 비열한 공모에서 태어난, 나의 서정적 주름이 싸구려 노을처럼 강 위를 배회한다. 나의 왜곡으로 호출된 세계는, 사랑이라는 덫에 걸려 너의 막다른 슬픔이 되었다. 오, 즐거운 혀의 모독이여! 말기 암에 걸린 저 태양의 숭고한 심장까지 왜곡하자.

낯선 방랑

세계는,
먼 곳에서 불어온 낯선 바람
그 바람 다 불고 간
오십의 이마는 이제 가을이다.
사랑이여!
여름의 죄를 어디쯤 내려놓을까.
밟히지 않는 그림자처럼,
다 지나가리라는 독백으로 견딘
연민과 비굴의 바퀴 밑
오래된 방의 거울처럼, 나는
떠나가는 것들의 슬픈 뒷모습을
괜찮게 사랑은 했었다.
갈증이 갈증을 배반해서
목도 마르지 않는 사막의 끝에서
낙타처럼 뜨겁게,
나의 빈곤한 손등을 핥아본다.
사물도 없고 너도 없는,
빈 그늘의 세상에서

목숨처럼,

아껴둔 나의 마지막 후회는

너에 대한 사랑이었고

결핍이었고

숭고한 계절이었고

벽에 걸린 헌 옷의 애틋함이었다.

그 바람 다 불고 간

오십의 사막.

나는,

정신의 발로 지옥을 걷는다.

떨어진 나

나는,
비에 젖은 불빛.

떠났다, 새벽처럼
빛도 어둠도
산 것도 죽은 것도
아닌,
위험한 절벽에서
나와 내 뒤의 네가 만나
격렬하게,
상실의 교접(交接)에 몰두하는
뒤틀리고 부러진 밤.

미쳐가는 내가
눈알 뽑아 불 밝히면
너는,
뼛속까지 빗물로 내려
나를 적신다.

각혈하는 태양이
유리창에 이마를 찧는
수척한 아침
간 꺼내
빈 창에 걸어두고
알래스카로 떠나는
나는,

태양이 흘리고 간
은유.

뒤

—슬픔을 전시하는 자는
모멸의 뒤를 안다.

등 간지러워
문기둥에 기대서서 몸 부비는
초겨울의 어설픈 아침,
오래된 창의 얼룩을 뚫고
햇살 한 점이
어제 벗어둔 양말을 만진다.
나의 궁핍이여,
이 시간을 밟고 지나가시라.
내가 아니었던 상처와
슬픔이 아니었던 것들의 망령으로
키운 나날이여
날아가시라, 저 햇살의 둥지로
옷걸이에 걸린 외투의 우수(憂愁)와
읽다 만 책들이
수북이 쌓인 책상의 통증을 안고
낙타처럼

외로운 뱀처럼
곧 내릴 따뜻한 눈처럼
외롭고 산뜻하고 눈물겨운 걸음으로
굽은 등 세우고 멀리 가시라.
손끝 닿지 않는 그곳에서
오로라에 기대어
뒤로
한참을 울어야만 할 것 같은
나는,
북극의 아침.

내가 막 부러지는

하루가 입을 다물었다. 아스팔트에 무릎뼈 찧는 자학의 퍼포먼스로 수백 개의 남루(襤褸)를 별것 아닌 듯 환유처럼 사뿐히 가로질러 왔다. 그렇게, 가면 속의 얼굴이 사라지고 내가 가면이 되던 날, 눈발 같지 않은 눈발들이 하루 종일 내려온 세상이 진창인데, 트럭 밑에 웅크리고 있는 검은 고양이. 갈 곳이 없는 피난처에서, 야옹 야옹, 자기의 서글픈 신세를 두 발로 감싸고 운다. 아, 내가 막 부러지는 그런 울음이다.

씨발, 눈발 같지 않은 눈발이……

노이로제

얼음의 숲에서 들려오는 북소리는 굵고 선명했다. 푸른 늑대는 달빛을 따라 울고, 아무도 깃들지 않는 설원의 등짝은 제 속의 순결로 단단해져 가고, 바싹 마른 나의 귀와 입만 곧 떨어질 고드름처럼 위태롭다. 저 멀리, 협곡의 버려진 길을 되찾아가는 붉은 사슴의 발소리는 낯선 방언처럼 아름다웠고, 그들을 노리는 시베리아 호랑이의 눈빛은 날카로운 음향처럼 감미로웠다. 죽은 심장이 뛰고, 사슴과 호랑이가 한 몸으로 뒤엉켜 야생의 붉은 관능을 뿜어댄다. 아무도 죄를 묻지 않는, 가학과 피학의 거친 숨소리가 시간의 자궁을 더욱 튼튼하게 만드는, 설원의 깊은 숲에서, 이제 막 돋아난 별이 비린 풍경을 앙앙댄다. 그리하여 그 별이 나에게로 왔을 때, 나는 도덕으로 빛나는 명함을 한 장을 건넸고, 건강하게 멸균된 영혼의 우울한 껍질을 보여주며 말했다. 제발, 나의 결핍에만 몰두해줘! 아침은 일어나지 못했다. 나의 꿈이 썩는다.

라쿠카라차

—길은 죽음을 먹고
죽음은 바퀴를 굴리고
바퀴는 직선의
시간을 부러뜨린다.

더는 걸어가지 말자
끝을 알면서
가는 길은 슬프다
라쿠카라차
병정들이 죽어간다

라쿠카라차
먼 산 이마 깨며
내리는 꽃비
눈물 머물다 간 그 자리에
라쿠카라차
병정들이 죽어간다

라쿠카라차

찢어진 바람 펄럭이며
쑥 냉이 자잘한
생의 낮은 언덕으로
라쿠카라차

사랑,
길 없이도 굴러가는 바퀴
에,
깔린

나는,
라쿠카라차

묵시의 바다

—바깥의 종말,
중심의 그물코가 풀어지는
반란과 광기와 자유의
거대한 춤.

1.
안개, 호수 위를 덮고 있는 묵시(默示)의 흰 그물
어떤 선택들이 운명의 옷을 입고 지금 이곳을 배회한다.

2.
담배연기보다 쉽게 뱉어버렸던, 나의 하얀 중심
데친 오징어처럼 돌돌 말려진 늙은 시간과
절정의 끝을 찢지 못한 비닐 같은, 어떤 심정
죽음의 문턱 반쯤에서 멈췄던
죄스럽고, 대견하고, 참담했던 첫 번째 마스터베이션처럼
얼굴이 거세된, 맨살의 느낌표.

3.
나는,

지루한 폐가(廢家)의 대문이었고,
죽은 아침의 얼굴을 파는 눈먼 두더지였고
장난처럼
길 위에 떨어진 길들을 줍는
슬픈 아동(兒童)이었고
아버지의 녹슨 그물이었다.

4.
자폐의 바다에서
네모난 여자가 동그랗게 나를 말아
한나절 가슴에 품었던, 찔레꽃 그 언덕
돌 속으로 스며든 낯선 떨림으로
바깥은 환했고,
찬란한 춤이, 목숨이, 파국이
붉게,
봄의 입을 조른다.

멜랑콜리

—없는, 삶의 구멍으로
내리는, 소실점
있다가, 죽는 빗물들.

꼬리 잘린 길고양이 한 놈이 젖은 등 곧추 세우며 칼처럼 운다. 죽음 앞에서 모든 걸 용서할 수 있다고 말하는, 여자의 젖은 입술이 자동우산처럼 확 펴진다. 견고하게 입을 다문 음식물쓰레기통이 빗소리를 걷어차고, 한 사내가 가질 수 없었던 욕망의 목록들이 쿨럭이며 CCTV 근처를 도둑처럼 배회한다. 가로등 불빛이 그의 얼굴을 지우고, 사선(斜線)의 빗줄기는 그녀의 허벅지로 물뱀처럼 흘러내린다. 겨울비 내리는, 어느 골목의 저 사연들은 오래된 틀니처럼 질기다.

빗속에서 빗속으로 달려가는 세속의 발걸음들은 진지하고 남루하다. 그들의 표정은, 구겨진 폐지처럼, 이미 시적(詩的)이었다. 창가를 서성이는 음악이 아프고, 나의 병든 시간들이 발목에 감겨 종양처럼 자란다. 24시간 편의점의 불빛을 향해 머리를 숙이는, 삼인칭의 텅 빈 얼굴들. 그 사이를 절단하며 웅크리고 있는, 길고양이의 허기진 눈빛.

늘 그 자리에 있는 풍경들의 뒤편에서, 어제를 긍정하는 오늘의 남루로, 숙취의 아침들이 죄악처럼 비틀거리는 여기에서, 나는 죽지 않는 수만 번의 반성(反省)을 짓밟아본다. 그래도 소용없는, 꿈.

삶은,
왜?

다큐멘터리

—결핍,
뜨거운 거울에 비친
비열한 시간.

살아있는 것들의 살이 썩어 푸른 물곰팡이가 낀, 길거리 포장마차 수족관 안. 바닥에 첩첩이 쌓인 광어, 살갗 헌 오징어, 배 뒤집어져 붕 뜬 노래미, 불길한 흰 꽃처럼 벽에 빼곡히 달라붙은 낙지들의 빨판이 아비규환인데, 해산물 모둠안주 시켜놓고, 젓가락으로 뒤적뒤적 날것의 죽음을 한 점 집어 우물거리는,

수족관 밖도 수족관이어서, 초콜릿과 껌을 칼처럼 들이대는 저승꽃 핀 할머니의 조막손, 잔치국수 한 그릇으로 잠시 배를 채우는 앳된 노래방 도우미와 삐끼, 와이셔츠에 초고추장 흘린 샐러리맨, 깡소주 시켜놓고 당근만 씹고 있는 초라한 연인들의 웃음, 서로가 서로의 얼굴이 되어 취해간다. 더러는 길바닥에 쓰러져 악몽처럼 꿈틀거리는,

불현듯, 수족관 안으로 뜰채가 텀벙 들어오고, 산 것들이

놀라 파닥거리며 달아나지만, 칼등으로 대가리 한 대 맞고, 살 발려 죽음으로 저며지는, 모두가 뜨거운 비명이 된다. 수족관 밖도 수족관이어서,

일층 위에 이층, 이층 위에 삼층, 삼층 위에 사층. 태극기가 바람에 휘날리는 경찰서 정문 앞 사거리. 일층 아래 지하, 지하 밑에 관(棺). 관 위에 물고기, 물고기 안에 작은 물고기. 점점이 들어가도 없어지지 않는,

결핍의 점(點)들.

불구하고

—나와 너와 그의 입속에
덜 씹혀 꿈틀대는 광기가 있다.
소진되어야할 고함.

대낮, 현대슈퍼 앞 간이의자에 구부러진 녹슨 못처럼 앉아 깡소주 마시는 이인칭. 먼 시베리아 찬 땅에서 방금 날아온 철새마냥 여위었다. 소주병처럼, 간단히 비워지지 않는 세상을 질겅질겅 안주 삼아 씹는, 이인칭의 서투른 이빨과 입술의 틈새, 이제 샐 것은 다 샜다고. 하여, 마음 갈 곳 없는 게 아니라 마음 자체가 없다며, 취한 눈빛을 바닥에 떨어트리던 이인칭의 낮술.

속 훤히 들여다보이는 빙어처럼, 이인칭의 얼굴이 푸른 술병에 빠진다. 모진 것 다 녹고 녹아서, 이제는 영혼의 젖니만 남아 잇몸이 아프다는, 일인칭의 옥상에 더불어 살고 있는, 궁핍한 시간. 그럼에도

불구(不拘)하고,

이인칭은 요령부득의 삶을 요령껏 살고 있다. 허리띠에 구멍을 뚫어가며, 일인칭의 어깨에 기대어 빈곤한 세수를 한다. 시선이 머무는 곳마다 어설픈 폐허라서, 갈 곳 없는 삼인칭들의 위안이 된다. 인간의 미늘에 꿰여, 그럼에도

불구(不拘)하고, 아니 불구(不具)하여서
끝끝내 불구(不久)한
무인칭(無人稱)의
껍질들.

타자는 나의 힘

—현기증의 서랍을 열고,
위험한 생각의 질주를 꺼내보는,
격렬한 허기의 시간.

1.

나는 타자들이 먹다버린 우울. 담배를 피우며, 보부아르와 사르트르의 연애를 생각하다가, 울부짖는 땅콩이 악악대며 부르는 노래를 듣다가, 문득, 이 모호로비치치불연속면 같은 사건들이, 나의 뇌를 치밀하게 모자이크한다. 사건의 모자이크 속에 나는 없고, 입과 눈과 달팽이관만 있다. 얼굴이 없는, 내 영혼의 둥근 창에 타자들이 짱돌을 던진다. 사건의 파편들이 깨진 나를 맞춘다. 조각난 상처들이 사건의 주모자를 모자이크하는, 모호로비치치의 불연속.

2.

타자들의 까치발이 나를 밟는다. 손끝에 닿을락 말락하는, 움켜쥐지 못한, 그저 살짝 스치기만 하는, 간지러운 꿈의 겨드랑이. 잘린 아킬레스건처럼, 눈 내리는 시골집 처마 밑에 차곡차곡 쌓인 굴참나무 희나리. 당신들의 도끼가, 덜 마른 나무의 꿈을 장조림처럼 찢어놓은 거세의 현장. 게으르게 피어오르는 저녁연기가 귓속으로 스미고, 푸르게 마취되어가는 공감각적인 심장의 안쪽에서, 호랑거미 한 마리가 초승달을 뜯어먹고 있는, 쉴 새 없이 뿜어져 갈라지는 거미줄의 시간. 초승달이 굴비처럼 걸려 있는 그 곳. 간지러운, 신발 속 꿈의 뒤꿈치, 혹은 날개.

3.

뒤집어진 내가 나를 쳐다보는, 거울의 안쪽. 주름처럼 리드미컬하게, 타자들이 나를 주머니 속에 구겨 넣고 있는, 모호로비치치 살인사건. 산호(珊瑚)의 폴립(polyp)처럼, 타자는, 수많은 나의 입. 힘은 나의 바깥에 있다.

惡의 서곡

—귀는 심연의 불가항력적인 유혹.
듣지 말아야 할 것들이 있다.

1.

모두 똑같이 산다. 질리도록 서로를 닮아간다. 지루한 가족들이 되어가는. 멀미의 긴 시간들. 그들이 한곳에 모여 뜬 눈으로 운다. 불면의 밤. 불온한 상상으로. 대못 솟은 미끄럼틀에 누워본다. 등짝에 죽죽 그어지는 붉은 오선지. 피 묻은 음악이 흐르고. 권태가 내면의 은밀한 악을. 잉태한다. 나는. 샘물처럼 시원하다.

2.

관계라는 칼끝 때문에. 늘 도덕적이어야만 했던. 강요의 껍질과 상처. 그 상처에 소금이 되리라고. 쓰라린 다짐을 씹어보는. 참으로 어이가 없는. 귀의 붉은 밤.

3.

나를 위해 죽어야겠다고 말하는. 착한 너. 나는. 죽지 말고. 차라리 나를 죽이라고. 말했지. 천사의 심장을 찢어서. 너는 기쁨이 되라고. 착한 권태는 없다고. 말랑한 혀로. 나는 말했다. 알량하게. 우리는 가족.

4.

돌솥밥을 먹다가. 숟갈로 바닥을 북북 긁으며. 타버린 뇌의 안쪽도 함께 박박 긁다가. 간질 환자처럼 바닥에 누워 발광. 지루한 별들아. 그만 반짝여. 지금껏 삶은 충분히 아름다웠어. 모두 똑같이. 오해를 하고 살았던. 싱거운 휴머니즘의 음악은. 이제 정말 지겹다는. 절박한 자해.

5.

선택은 둘 중의 하나. 망각 아니면 복수라고 말한. 아마존의 여전사 같은. 그녀의 말 속에. 벼락이 친다. 권태가 악을 낳고. 악이 불면에게 젖을 먹이는. 심연. 어둡고 환한. 찢어진 나의 귀.

지상의 날개

비에 젖은 바람이다. 없는 것으로 있는 것을 좇아가는 영혼의 교차로에서, 외롭고 지친 얼굴로 붉은 신호등 아래 시든 별처럼 깜박이는, 나는 지상의 희미한 맥박. 날아가지 못할 저 곳의 간격, 음악이 되지 못한 말과 고백과 어리석음들이 차례로 우산을 타고 흘러내리는, 여기는 영혼의 우기(雨期). 수백만 개의 절규로 떨어지는 빗방울의 질타를 운명처럼 견디며, 물음표처럼 걷고 있는, 구부러지고 늘어진 일상의 어깨에 겨우 내려앉아, 이제 잠시 휴식하고 있는, 잿빛의 알바트로스!

음악과 춤이 멈춰버린 네모난 방. 네모난 책 속에 갇혀 네모난 꿈을 꾸고, 네모난 사유로 네모난 사랑을 하고 있는, 네모난 중년의 방은 시큼하다. 나는 세계의 상처였고, 세계는 나의 깨진 얼굴이었다. 바람이 창문을 두드릴 때마다 광인처럼 울부짖으며, 내가 할 수 없었던 일들의 미련에 깔려 병든 물소처럼 푸른 새벽을 견뎌야 하는, 이 질긴 가죽의 시간들, 나와 세계의 깜깜한 간격.

벗겨진 나의 얼굴은 벽에 걸어놓고, 어제 벗긴 너의 얼굴은 내가 지금 뒤집어쓰고, 오늘의 내 얼굴은 훗날 너의 증오가 다시 뒤집어쓴다면, 있음이 없음을 애도하는 그런 일은 다시는 없을 테니 날개여, 이제 너의 틈을 열어라. 고독의 마른 날갯짓으로 바람의 간격을 맛보는 비상의 황홀이 나의 운명이라는 것을, 알바트로스 너는 이미 알고 있었지? 바람에 젖은 비처럼, 아니 비에 젖은 바람처럼.

수레바퀴

여름에서 달아난 장미가 꽃을 잃어버렸다. 깜짝 놀라 빈 목을 쓰다듬는다. 도망간 머리의 안부를 가시에 담아 애꿎게 파란 하늘을 찌른다. 찌르다 지쳐 내년으로 꽃의 기약을 피신시키는 가을의 그늘 밑. 여름의 수척한 얼굴이 저기 떨어져 있다. 꼬리에서 도망친 도마뱀처럼, 도마뱀에서 도망간 꼬리처럼 모든 선택은 반성의 찰나도 없이 달려가는 낯선 동그라미. 달아나다 무릎이 깨지고, 깨진 무릎에서 상처가 도망치고, 도망친 상처에 새살이 돋는, 다시 생긴 무릎조차 또 깨져 있어 아물 줄 모르는 수레바퀴의 불가역적인 웃음. 바퀴에서 벗어난 바퀴가 중심을 꿈꾸며 빈 바탕으로 굴러가는, 지루한 생의 농담들이 얼굴을 맞대며 일렁이는, 노을 진 서녘 하늘 아래, 세상의 어깨를 밟고 도망가는 태양의 늙은 불알, 아니 불안.

제3부

뒤늦게 묻는 사람이 있다.
그래야만 한다며
더 늦게, 꽃을 피우는 그리움.

이사(移徙)

—여기 저기 형형색색 다 아프다.

아파트 축대 비탈에 핀 엉겅퀴
세탁소 담벼락 아래 간신히 깃든 민들레
경로당 옆 공터에 늘어선 쇠뜨기
공원 구석을 빽빽이 메운 철쭉
그들의 해묵은 사연일랑 이제 묻지 말자며
바람이 분다.

간통

—어떤 죄는 아름답다.

저기 빈 뜰과 바람의 눈짓. 갈라져 금 간 회색 담벼락 아래, 열쇠처럼 웅크리고 있는, 유월 목단의 묘한 얼굴. 나는 권태의 팔목이고, 너는 향기 없는 침묵의 혀. 분홍 바람이 일어섰다 앉은 자리, 꽃으로부터 십리는 멀어져 있는, 나의 붉은 맨발. 꽃과 나와 바람의 허튼 수작(手作). 서로의 하초(下焦)가 잠시 간지럽다. 아, 가볍다 여기 이곳.

붉은 눈

다래끼 난 눈 칼로 째 고름 빼고 돌아가는 얼얼한 대낮, 붉은 벽돌집 담장을 뒤덮은 능소화가 화끈거린다. 트럼펫 같은 주홍빛 귀들이 더위 먹어 푹푹 떨어지는 골목. 한 몫의 눈으로 보는 꽃이라서 저 사연들도 한번은 애절한데,

미늘 달린 꽃가루에 눈 비벼 이 여름 한철도 까맣게 눈이 멀고 싶다. 깨진 유리창 밟으며 걷던 그 시절의 파편들은 서툴고 쓰린, 바람의 통증들이었다. 붉은 안대 밑에서 화끈거리는 반쪽의 눈으로,

능소화의 바람은 능소화의 사랑이고, 떨어진 꽃은 떨어지기 전의 꽃이어서, 모든 길은 한곳에서 갈라져 다시는 그 길로 돌아갈 수 없는, 여기. 죽은 꽃들이 살아있는 꽃들의 입술을 염탐하는,

먼 山
아래,
뜨거운 눈.

꽃 아래, 그 틈

살을 섞어도 모자랄 봄날의 밤
풍경만 껴안은 채,
가야 할 곳을 가지 못하는 발걸음을
속절없이 원망하며
나는, 그렇게 물러설 곳으로 간다.
마약 같은 벚꽃이
나와 너의 심장을 애절히 간구할 때
살아야 하고, 견뎌야 하는 갈증으로
조금만 서럽고, 조금만 그리운
벚꽃의 밤과 사랑의 끝을 이미 알고 있는
나는, 결핍을 사랑한다.
손바닥에 묻어 있는 세계의 냄새
알고 있고, 알아야만 하는 세속의 비밀
내가 가꿔야 할 나와 네가 가꿔야 할 너
그것이 봄날의 사랑이라면
나는 너를 어디서 소문처럼 만날까
있으면서 없는, 그 멀고 험난한 길
나는 안다.

너를,

세계를,

둔탁하고, 감미롭고, 비열한 떨림을

목 쉰 바람처럼 안다.

나의 후퇴로 살아가야 할 고독의 성(城)에서

외로운 심장의 박동으로

눈감고 돌 속으로 걸어가 날개를 펴는

나는, 새벽의 뒷모습이고

별과 함께, 절벽 아래로 떨어지는

깨진 창문의 비명이다.

저기, 세상에

없는 새로운 봄이 걸어온다.

손님

—피로의 입구는 고독.

삶과 무관한 곳에서
비인칭(非人稱)의 고독을 짊어지고
손님처럼,
얼굴이 돌아왔다
묵은 담배를 피우며
뻐꾹새 울음 밟고
이 세상 아닌 저곳에서

더 이상 울지 않는
오래된 환자의 눈빛과
낡은 가방 속에
납작 눌려 볼품없이 늙은
옛 애인의 편지,
쓸모가 없어 더 애틋한
버려진 사물(事物)들의
조용하고 어수선한 귀환

창문이 아프다.

비탈진 언덕을 거슬러
춤의 바다로 날아가는 연기처럼
태양의 뒤편에 앉아 있는
나는,
태워지지 않는 이름과
그 이름의 추억 안에 살고 있는
검은 얼굴의 한 시절을
무심히 바라본다.

모든 환대와 어떤 환멸의
간이역에서
손님처럼

노을의 문신

—벌거벗은 감각들이
추억의 공간을 배회할 때
사랑은 허기가 된다.

여름 山이 터질 듯 온몸을 뒤튼다. 움푹한 계곡들이 청상과부 허벅살마냥 탱탱 부풀어 올라, 골짜기 틈 굽이마다 농익은 수액(樹液) 냄새를 어지럽게 뿜어댄다. 바람도 갇혀 날짐승처럼 거친 숨 가쁘게 몰아쉬는, 그 짓의 아련한 꼭대기에서, 겹쳐진 능선들이 입술과 입술을 뜨겁게 물어뜯는다. 하늘로 내뱉은 숨결들이 먹구렁이처럼 훌러덩 달아나 버리는, 아리고 아렸던 그 시절, 우리는 서로가 서로의 상처였다. 등짝에 남은 손톱자국처럼, 붉게 저문 노을들의 문신(文身)이었다. 혀 밑에 고여 있던 너의 얼굴이 식도(食道)를 타고 내려가는, 한여름의 정상에서 굽어보는 사랑과 허기(虛飢)의 파노라마.

샛길

바람의 낫이 헤집고 간 대밭, 꿩 울음소리 하나 바닥에 떨어져 혀처럼 펄떡인다. 그 자리에 푸른 죽순이 돋고, 뜨거워 내뱉지 못한 심장의 사연들은 꿩꿩거리며 저리로 달아난다. 내년 이맘때쯤 대나무 빈 마디 안에, 식은 적막처럼 담겨 있을 상처들의 독백들이다. 먼 길 돌아 샛길로 올 옛 애인의 낯선 얼굴처럼, 맨땅에 꾹꾹 찍혀 울고 있는 저기, 우수수한 꿩, 꿩 발자국들.

벽 속의 귀

벽(壁)이여, 나의 귀가 되어다오. 쇠못 같은 빗줄기가 함석 지붕 뚫고 내 이마에 수직으로 꽂히는 이 야수 같은 밤에,

벽이여, 서툰 이별이 되어다오. 한 발짝 내딛으면 서로가 지옥이라서, 나의 철없는 언어들만 폐렴을 앓고 있을, 그 사소한 무렵에,

그냥 그렇게 쉬 떠날 수 있을 것만 같아, 뒤돌아 앉아 혼자만 듣던 쓸쓸한 빗소리였다고,

끊임없이, 벽 속의 귀로 벽 속의 사랑을 극복해야 하는 절박한 시간의 지붕 밑에서,

떠나고 지워지는 것들의 뒤늦은 그리움이 달맞이꽃에 앉아 비를 맞는, 그만큼의 풍경으로,

벽이여, 천둥 향해 귀 세워보는 적막강산 한 채가 되어다오.

교교

달빛의 계곡에 앉아 눈 씻고 듣는 부엉이 울음소리

알듯 말듯 홀로/여럿이 빛나는 별빛, 나/너의 얼굴을 밟고 달려온 시간의 뒤축에, 비린 후회가 산다.

잊으려 해도 잊히질 않는, 잘못 박힌/박은 녹슨 못과 서투른 비명이 교차하는 나/너의 십자가에, 맑은 눈빛 접어 꼭꼭 숨겨두었던 때/피 묻은 시간들. 씻을수록 맑게 빛나는 온전한 죄를,

달과 물과 살의 냄새가 가득 고여 정신도 아찔한, 산골짜기 교교(皎皎)한 바위에 앉아서, 입술에 핏물 베도록 씹고 또 씹어보는, 나/너의 물컹한 얼굴.

흘러가고 다 흘러가서, 소리만 남아 귓가를 맴도는, 형체도 없는 그런 아쉬움으로, 밤 부엉이 저리도 맑게, 운다.

밑동

허리 위에 있던 세상이 없어졌다.

사지(四肢)도, 뻗어 갈 마음도 다 잘려, 엄지손가락처럼 뭉툭해진 뜰 앞 개복숭아나무. 바람도 아랫도리만 스쳐가는, 쓸쓸한 세상.

노랑병아리 혓바닥처럼 쫑쫑 솟아나는 새싹, 망울져 옹알이하는 어린 개나리꽃의 야무진 입술만 남겨두고, 밭은기침 몇 점 텃밭에 뿌리며, 반들거리는 문턱을 밟고 지붕처럼 넘어진, 당신의 시간.

떠나간 듯 만 듯, 그리운 듯 아니 그리운 듯, 떼 입힌 무덤가에 봉긋봉긋 철쭉도 피고, 이 세상에 없는 울음으로 소쩍새가 새로이 우는데, 반만 남아 서늘한 목.

머리와 심장 사이에 당신의 하늘이 있다.

적적

병산서원 만대루(晩對樓)에 비스듬히 걸터앉아 담배 한 대 길게 피운다.

늦겨울 햇살이 이마를 쓰다듬고, 앞 산 아래 강물이 언 몸을 부르르 떠는, 탁 트인 바람 아래 강물도 다락처럼 조용하고 쓸쓸하다.

봄꽃들이 잠시 길을 잃고 문 밖을 서성이는, 처마 밑 환한 그늘 속, 천지사방이 길고 긴 인연(因緣)의 몸살들이다.

수많은 책들을 읽어왔지만, 한 치도 밝아지지 않는 좁다란 이마와 생의 밑바닥을 늘 서운하게 만들었던, 목마름의 척박한 시간들.

이제는 괜찮다며, 점점 짙게 내려앉는 산 그림자. 저 멀리서 돌아갈 곳 지우며 달려오는, 얼굴의 적적(寂寂).

묵묵

어둠의 내면을 뒤지며 달려오는 수상한 바람 소리, 높고 소슬하다. 달리는 시간의 발굽에 밟혀 맥박처럼 깜박이는 저기 저 별빛들.

살얼음 초승달을 찍어대는 하늘의 정정(丁丁)한 벌목 소리가 찬 귀를 스치는 겨울 산, 능선의 고사목들이 떼로 누워 길게 울음 운다.

보이지 않는 곳에서 보이지 않는 곳으로, 밀월(蜜月)하는 산과 달과 바람의 냄새.

별빛으로 적멸해도 끝내 채워지지 않을 체념의 빈 구멍. 낯설고 환한 어둠으로, 이제 묵묵(默默).

아, 오늘 위험하다!

겨울 강 엘레지

차가운 겨울 강 노을 진 물결 위에
방금 만난 듯한
오리 두 마리가 두둥실 떠 있네요.
선착장에는 지독하게 외로워 보이는
몇몇 사람들이 찬 계단에 일렬로 앉아
물에 젖은 담배를 피우고 있습니다.
오후 4시 44분의 해가 나를 비추는데
생은 왜 이리 모질게
내 곁을 떠나려는 사람들로 가득한가요.
4시 44분의 나를 남겨두고
서쪽으로 둥둥 떠가는 오리 두 마리
긴 물살의 장난으로
아, 해가 강물에 피식 꺼집니다.
당신도 나도 모르게
우리가 낳은 한 계절이 저렇게 죽는군요.

껍질

—오 게으름 가득한 향내여!*
나는 이제 잘 늙어 간다.

뜨거움을 망각한 여름이 시간의 칼에 찔려 사살되었다. 여름의 피가 가을에 묻어, 저기 죽지 못해 서운한 사연들만 빼꼭히 내일로 물들어 가는데,

비탈길 담장 안 세 평의 정원에서, 덜 익어 푸른 어제의 감들이, 불의 씨앗을 머금은 것도 잊은 채 낮은 목소리로, 이제는 제발 무탈하자고 밤새 수런거리는데,

아! 명치 아래 꺼지지 않는 불씨 한 점. 불어라, 바람의 정령이여.

떨며, 시간의 서랍이 열리고, 옛날의 얼굴들이 전생의 적막을 앞다퉈 찢는, 푸른 하늘에 걸린 선홍빛 열매의 시간. 멀리서 그 탱탱한 시간을 깎아 말리는,

나는,

늙고 두꺼운 아침을 동그랗게 만지며 산다. 과즙 엉겨 잘 굳은 노회한 흰 곶감처럼,

---

*보들레르의 「머리타래」에서 차용.

묵언

나무에서 꽃뱀이 떨어졌습니다.
개구리를 입에 물고
길게,
아주 모진 사연처럼 내렸습니다.
떨어진,
뱀 눈 두 개와
개구리 눈 두 개가 낯선 사건처럼
나를 쳐다봅니다.
이게 우리들의 사랑이라며
개구리는 버둥버둥
뱀은 꾸역꾸역 각자의 사연에 열중입니다.
그 초롱한 눈빛들이
하도 무심하고 기가 막혀서
선뜻,
내 눈 두 개도 던져주고 돌아섭니다.
독 오른 가을 태양이
여섯 개의 눈알을 찌르는 오후,
뭔지 모를 후련함으로

바람이 붊니다.

강의 문으로

나뭇가지에 걸려 축 늘어진 검은 하늘
저기 한 생이 탈진하여
새벽 강 안개로 먼 길을 떠나갈 때
물가에서는, 산 자들이
산 자들의 안부를 물으며 새로운 담배를 핀다.
먼 산에서 먼 산으로 흘러가는
철새들의 울음 한 줄기와 푸른 강물 위 흰 안개
바람이 앉았다 일어서는 자리마다
코스모스 분홍 몸살이 아침을 흔든다.
이별이란,
가다가 남고, 남았다 다시 흐르는
새벽 강의 여러 물길을 따라
더러는 뛰어가고, 더러는 걸어가다 쉬면서
젖은 담배나 한 대 나눠 피는 일이라고
산 자들이 산 자들의 등을 토닥인다.
찬 얼굴 어루만지며 손 흔들어주는
따뜻한 이별의 길목
물길 끊어진 곳에서 낯선 산들이 솟아나고

그 산의 머리끝에서
아침 해가 붉게 터져 강물도 울먹이는
저기,
그리움의 강으로, 넘쳐흐르는
그 사람의 목.

사랑, 지하에서 보낸 편지

—바깥의 계절은 유쾌하고
벽 없는 방의 영혼은
깨진 창문처럼 우울하다.

올려다 볼 곳이 없어 아래로만 처박혔던 그 시절의 눈빛은 모두 살얼음이 되었다. 나무들은 을씨년스러웠고, 새들은 초라했다. 떠나는 일에 익숙했던 사랑은 돌이 되어 새벽 뒷골목을 배회했고, 깨진 창문 사이로 흘러드는 찬 별빛이 너의 뽀얀 속살을 더듬을 때, 나의 심장은 플라스틱 타는 냄새를 풍기며 비닐장판에 까맣게 눌어붙었다. 덜그럭거리는 뼈와 관절이 구멍 난 뇌를 뜨겁게 쑤시던 그 겨울, 등 넓은 지붕 아래 더는 새로울 것이 없는 늙은 아침이 사타구니 사이로 스며들었다. 아침의 남루와 나란히 누워 울먹일 때, 또 하나의 사랑이 내 곁을 떠나갔고, 미친 듯 불어대는 칼바람은 나의 하얀 무력(無力)을 이불 속에 꽁꽁 봉인했다. 이마 위에 매달린 거대한 고드름이 나의 의식을 정조준하며 지난밤의 어떤 죄를 물었을 때, 나는 그곳에 없었다며, 떠나간 사랑의 뒷목을 움켜쥐고 뒤늦은 사정(射精)으로 너의 과거를 나의 꿈처럼 마음껏 유린했다. 누런 벽에 걸린 나무십자가에서, 나의 불결한 사랑으로 못 박혀 버둥대는 저 사람의 여윈 무릎. 떠나는 일에 익숙한 것이 사랑이었고, 무릎 꿇는 것이 어떤 삶이었다고, 내리는 눈발은 혼란했고, 모든 길은 타락했다고…….

빈 밭에 앉아

허공에 은빛 집 짓고 빗물의 심장을 받아먹고 있는, 무당거미의 긴 다리에 걸려 파닥거리는, 저 산의 굵은 손목. 하, 맥박이 없다.

고춧대에 간신히 매달려 빨갛게 무른 웃음을 머금고 있는 늦가을의 병든 고추. 더덕 넝쿨에 몸이 친친 감긴 해바라기는 고개 숙여 중얼중얼 아픈 비를 맞고, 옥수수 마른 잎들이 수런수런 제 몸 적시며 부산하게 한 생을 털고 있는, 새털보다 가벼운 아버지의 텃밭.

낙숫물소리가 빈집을 지키는 아침, 당신이 남겨놓은 발자국에 찬 빗물만 고여 가고, 덜 감겨 짓무른 임종의 두 눈처럼, 지워지지 않는, 텃밭 고랑에 찍힌 늙은 새의 맨발 도장(圖章)들. 먼 산 가느다란 실안개처럼, 바닥에 낮게 깔려 흘러가는, 잊지 못할 마지막 냄새.

있어야 할 것이 없을 때, 세상의 집들은 조용히 무너진다. 무너져서 그리운, 당신의 목숨.

제4부

의미, 우발적인 것들의
지루한 엇갈림.

이상한 나라의 혀

—삼켜도 삼켜지지 않는
목숨의, 이물질.

갈매기가 바다의 목덜미를 물어뜯는다. 하얀 피들이 해안 가득 몰려오고, 밍크고래 한 마리가 찢긴 뱃가죽을 이리저리 흔들며, 고깃배 갑판 도르래에 곤봉처럼 매달려 있다. 달빛 섞인 핏빛의 모래사장을 지나, 선창가 횟집을 향해 밀려오는, 거대한 비린내.

죽음을 시간의 칼로 겹겹이 발라낸 횟감의 질량은, 내 이빨의 잔인함으로 분쇄되고, 불안한 취기는 침묵의 극한이 찰랑대는 소주잔 속으로, 잠시 수렴된다.

나는, 산 고래처럼, 바다를 입속에 털어 넣는다. 죽음의 질감(質感)이 주머니처럼 목구멍에 붙어 있다. 뒤집어도 뒤집히지 않는, 삶의 구역질. 모래사장을 개처럼 뛰어다니는 피 묻은 혀.

검은 숲

—나는 두 겹의 우울.

1.

어둠의 숲에서, 축축한 숨을 내뿜는 이끼와 거목의 시간은 비리고 신성하다. 자기의 털을 뽑아 둥지를 틀고 있는 금조(琴鳥)의 부리는 쇠보다 단호하다. 불곰과 늑대와 전나무와 황금빛 뱀들의 노래는 바람보다 높고, 검은 숲의 향기는 신들의 배꼽처럼 은밀하다. 햇빛은 모호하고, 네 발 달린 숲의 거주자들은, 바퀴처럼 자유롭다.

2.

빛이 있으라 하매 빛이 생겨난 어느 날, 내 영혼의 반이 괴사(壞死)했다. 하여, 나의 또 다른 반은 지을 죄를 찾아 설원을 어슬렁거리는 승냥이처럼, 이유도 없이 사랑에 굶주렸다. 빛이 어둠을 타살한 그 무심의 순간, 나는 갈증의 그늘이었다.

3.

방랑은, 나의 유예된 불행. 니체와 랭보의 헌 구두를 훔쳐

신고, 붉은 피리 불며, 그녀와 그와 그의 새끼들과 이빨 달린 모든 동물들의 허기를 달래기 위해, 멈추지 않는 구걸의 춤을 추는, 초라한 이성(理性)의 버스킹. 방랑이 방랑의 실체를 착각하고, 조롱이 조롱의 끝을 멸시하는, 추방의 계절이다.

4.

검은 숲에서 뚜벅뚜벅 걸어 나온 정신의 재앙들이, 세계의 겨드랑이를 파고든다. 심장이 끝나는 곳까지, 나는 어둠의 뼈아픈 웃음이다.

거울의 집착

—무한 반복되는 미로의 독설.

내가 너처럼 앉아 있다. 게발선인장도, 부러진 의자도, 술 취한 꿈도 모두 내 앞의 거울이다. 피할 수 없는, 너와 나의 운명의 각도(角度), 그 사이로 비가 내리고, 깨진 너의 얼굴이 길바닥에 떨어져, 비둘기처럼 마구 운다. 꾸르륵 꾹, 야윈 몸 웅크려 찬 바닥 쪼아대는, 떨어진 울음에 못을 박는, 너는 나의 오래된 부리였다.

내 앞에서 나처럼 지나가는 너의 적막과 나의 얼굴을 뒤집어 만든 너의 고독. 가죽으로 만든 나의 방에 손님처럼 앉아 있는 너의 꿈. 방 속에 길이 있고, 그 길 속에 또 다른 길들이 무한히 미끄러지는, 방과 길의 무중력(無重力). 그 아래 묻어 두었던 너의 녹슨 물음표에, 나의 불길한 의문(疑問)의 싹이 바늘처럼 솟아났다며, 너는 가난한 나라의 벙어리처럼 웅얼거렸지.

나보다 더 빨리 달려가는 내 앞의 너는, 너보다 빨리 달려가고 있었던 나의 오래된 슬픔이었다. 내가 너의 이마를 두

드리면, 너는 나의 뜨거운 윤곽(輪廓)이 되어, 거울처럼 거기에 앉아 있었지. 끓고 있는 입속의 거울과 거울 속 차가운 입. 미래보다 빨리 달리고 과거보다 먼저 쓰러지는, 너는 나의 텅 빈 현재.

없는 것들의 테두리에서 자전(自轉)하는, 달아나다 다시 중심으로 돌아오는, 너는 나의 영원한 미로(迷路). 나를 빼낸 자리에 결코 너는 존재하지 않으므로, 너는 나의 운명.

인테르메조(intermezzo)

—한 걸음이 죽고, 또 한 걸음이 태어나는
산책의 불연속을, 나는
사랑이라 우기며 너에게로 기어간다.

1.

귀룽나무 아래, 소쩍새 운다. 바람은 바람의 목을 조르며 불고, 중풍에서 갓 회복된 낯선 할아버지는 땅바닥 끌며 비틀비틀 걸어가고, 개들은 킁킁거리며 누린 흔적을 모색하고, 나무들은 더 이상 숲에 깃들지 않고, 꽃들은 꽃 속의 잠으로 몰두하는, 모두들 각자의 목숨으로 힘겹게 회귀하는 박명의 변두리 공원에서, 나는 너의 가면을 쓰고 사랑을 구걸한다.

2.

뒤늦게, 이제는 너의 상처를 살아봐야겠다. 벤치에 쌓인 송홧가루처럼, 영혼을 어지럽혀줄 노란 분진(粉塵)으로, 너의 열매를 혼자 잉태하며 벌목된 나의 숲으로 간다. 어둠에 섞인 쪽동백 흰 꽃들이 내일의 어깨를 주무를 때, 나는 오늘의 간주곡이 되어 너의 잿빛 심장을 연주한다.

3.

소쩍새 또 울고, 아까 불다가 남은 바람이 다시 불고, 빙글빙글 공원을 돌며 시시덕거리던 사람들의 하찮은 입도 하나 둘씩 지워지고, 꽃으로 환원되지 않는 나의 근심만 홀로 남아 너의 찬란한 어둠을 줍는다.

4.

내가 나의 목을 조를 때, 너의 세계와 음악들은 푸른 새벽처럼 떤다. 나는, 다 불고 지나간 빈 바람들의 잉여. 네가 씹다 뱉어버린, 시큼한 미숙아!

고비의, 사막에서

—누구도 들어가 본 적 없는
꿈의 입구(入口), 날카롭다.

1.

사막이 시작되는 곳. 주름져 빛나는 고독의 등짝이 거기 있었고, 낙타의 흰 뼈와 마른 나뭇가지들이 난민처럼 흩어져 다음 생을 기약하는, 오래된 언덕과 석양과 흰 구름과 초원의 냄새. 더욱 까매진 울음을 쏘아대며 점점이 사라지는 까마귀들의 그 응축된 눈빛으로도 담을 수 없었던, 모래들의 침묵과 밭은기침으로 칼칼해진 내 안의 자유정신.

2.

불멸하여, 정금(正金) 같은 슬픔만 체류하는, 높고 낮은 언덕의 구부러진 질주가 척추를 관통할 때, 나는 낙타처럼 주저앉아 입 안 가득 지는 태양의 발꿈치를 우물우물 씹어본다. 몇십 년 버려진 녹슨 음악처럼, 아니 비수처럼…….

3.

침묵이 시작되는 그곳에서, 약자의 몽상과 노예의 비굴이 얼마나 수다스러운 감옥이었는지를, 바람이 알려주었지. 귀와 눈과 입의 증언으로, 나는 기억의 법정에서 원고(原告)도 없이 피소되어 모래 속에, 전갈처럼 위리안치 되었다.

4.

모래처럼 아니 바람처럼, 나와 세계의 불안한 이면(裏面)을 스쳐가는 모든 것들의 슬픈 냄새여……

롱기누스의 창

—혼자 말하는 자의 입은 위험하다.

흙 묻은 대파의 뿌리를 자른다. 줄기 하나를 잡아 아래로 죽 벗기고, 누렇게 죽은 잎들을 뭉텅뭉텅 잘라낸다. 하얀 속살을 드러낸, 일자(一字)의 토르소. 의미만 적출된 저 단순함을 향해, 나는 단정한 칼질을 도모한다.

매운 피/파의 향기가 나의 성기(性器)를 발기시키고, 때 묻은 도덕들이 도마 위에서 검은 곰팡이처럼 군림한다. 정신의 칼질이, 끓는 물의 절규와 풀어지는 면발의 사소함과 어슷하게 썰린 몇 조각의 파로 일체가 되는, 허기의 현기증. 바닥을 드러낸 과잉의 욕망이 한 그릇의 라면으로 속절없이 대치되는 세속의 방정식 속에서, 나는, 강철로 된 무지개를 읽어내려는, 어떤 시인의 비통한 절규를 향해, 서툰 젓가락질로, 나의 무력과 결핍을, 오답처럼 쉽게 퍼 올린다.

그리하여, 파 껍질 둥둥 떠 있는 국물의 비참한 시간들을 들여다보며, 성스러운 입이 휩쓸고 간 식탁의 옆구리에서 적막한 정액으로 흘러내리는, 창(槍)처럼 뾰족해진 자위(自慰)

의 얼굴을 한손으로 쓰다듬는다. 스스로 버려지려는 자의 음란한 식욕에 대해, 사변(思辨)의 강간과 질외사정의 날카로운 신음으로, 골고다의 에로틱한 둔덕을 배회하며, 유령의 시간을 혼자서 견딘다. 고독하게 젖어가는 자궁(子宮)의 안쪽을 길게 찔러보는, 나는 지옥의 독백.

의문의 낫

—묻는 입은 잔인하다.
등 가려운 자의 발광처럼
세상이 소란하다.

1.

나는 느린 귀다. 달팽이처럼 기어 다니며 타인들이 흘린 말들을 먹는다. 내가 먹는 말의 소리는 껍질이 되고, 소리의 의미는 속살이 된다. 먹어버린 말들은 항상 소화불량의 귀가 되었지만, 그럴수록 나는 점점 더 느린 귀가 되어 말들의 숲을 물음표처럼 기어 다녔다. 귀로 듣고 귀로 물으며, 단단하고 살찐 옛날의 입을 메워나갔다. 세상의 소리를 의미로 소화시키지 못해 껍질만 두꺼워져 더 이상 움직일 수 없는 달팽이. 내장으로 들어가지 못한 말들의 시체가 만든, 나는 단단한 껍질. 모든 물음을 제거한, 맹목의 신(神)이 만든 뜨겁고 위험한 침묵과 답도 없고 울림도 없는, 나의 뚱뚱한 적막들. 나는 물음표처럼 돌돌 말린 착한 달팽이로 산다.

2.

어느 날 나는, 침묵의 뜰에서 뱀이 흘린 소리를 멋모르고

주워 먹었다. 안으로 들어간 그 소리는 이스트를 넣은 빵처럼 부풀어 올라 나의 살을 뚫고 나왔다. 부글부글 끓어 넘친 소리들이 수백만 개의 이빨이 되어 나의 무거운 껍질을 먹어치웠다. 하, 나는 이제 물음과 답을 한 몸에 담은 자웅동체의 기다란 민달팽이가 되었다. 스스로 묻고 답할 수 있으므로, 나는 숲을 떠나 넓은 바다로 갔다. 물음표처럼 생긴 파도들이 창이 되어 연달아 나의 살을 찌를 때마다 잃어버린 껍질이 생각난다. 무방비로 달려오는 모든 의문을 막아줄 단단하고 두꺼운 침묵의 방패.

3.

묻는다, 고로 나는 일찍 죽는다. 침묵할 것이다, 고로 나는 오래 살 것이다. 나는 다시, 물음표처럼 생긴 또 하나의 돌이 되어간다. 치석(齒石)처럼 옹졸하게, 삶의 잇몸을 갉아먹는, 의문의 녹슨 낫.

기호의 제국

—나는 세계의 마지막 합창.

1.

겨울나무가 알몸으로 떨고 있는 이유에 대해, 나는 모른다, 라고 생각할 때, 세계는 물음표처럼 고개를 숙이고, 동그랗고 낡은 외투 속으로 숨어버린다. 내가 겨울나무에게 왜냐고 물으면 들을 귀 없는, 아니 있는 귀 땅속에 처박고 하늘 향해 검은 사타구니를 늘큰하게 벌리고 있는, 그들의 깜깜한 침묵에서 세계의 의문이 익어간다. 알아도 되고 몰라도 되는, 겨울나무와 흰 장갑과 예수님의 금빛 머리털의 은밀한 통정(通情)에 대한, 잡설(雜說)의 텃밭으로 내리는, 희디 흰 물음표의 뼈.

2.

바람이 스몄다 빠지는 얼음 골짜기에 뜬소문처럼 내리는, 저 눈의 오래된 내력으로, 봄 물푸레나무의 어깻죽지가 시퍼렇게 멍든다, 라고 썼을 때 저 나라의 물음표가 이 나라의 느낌표 밑으로 흘러내려, 온 계곡의 허벅지들이 맑은 교성(嬌聲)으로 한 계절 녹아내린다는, 염문(艶聞)의 냄새와 물푸레나무의 굵은 밑동에 붙어 있는 이끼의 질투에 대해, 느껴도 되고 무감해도 되는, 언어의 집에서 기어 나오는, 벌레와 신(神)들의 발가락과 구름들의 어금니.

3.

양치를 하다 세계를 게워냈다는, 풍문(風聞) 속의 그가 화장터 가마에서 펑하고 터지던 날, 타다 지친 그의 세계가 흰 뼈와 금니 몇 개로 남아, 이쪽 세계의 안부를 정중히 물을 때, 나의 불안은 마침표처럼 뚜렷해지고, 너의 금니는 오타(誤打)처럼 내게 물었지. 검은 뿔테안경과 오래된 토기재떨이와 아버지의 목발에 대해. 버려도 되고 버리지 않아도 되는, 연민과 공포와 분노의 뜰에 뿌려진 나의 괄호.

4.

세계의 기원이라는, 검은 자궁의 입술 속으로 수렴되는, 낡은 기호들의 동그란 합창.

Montage 1

붉은 망에 담긴 양파는 불길하다. 그녀의 오렌지색 스타킹도 불길하다. 양파를 까는 그녀와 그녀를 까는 양파의 속내를, 나는 안다. 죽음도 미끄러지는, 무한의 껍질. 얼굴이 얼굴을 밀어내는 양파의 시간은 맵다. 오렌지색 스타킹을 신은 그녀의 허벅지 안쪽. 거기서 나의 불안이 운다. 얇은 生들은 명분이 없다. 모두 껍질이다. 안녕이 불안의 껍질을 까는 지리멸렬의 장난. 너도 나도 다 양파.

Montage 2

시베리아 벌판에서 쫓겨 온 쇠기러기들의 새카만 울음이 하늘의 이마를 쪼아댄다. 서로가 서로의 인질이 되어 솟구치고 곤두박질하는 춤의 내전(內戰). 수천 발의 총알이 되어 강물을 수직으로 저격하는 삶의 떼춤. 바람의 등을 밟고 달려온 부르튼 발이 녹슨 날개의 피로를 심문한다. 모두가 모두에게 불안이다. 삶은 질병이라고, 쉰 목소리로 남은 목숨들의 안락을 아낌없이 고발하는 평화의 휴전선에서, 맹목의 점들이 쇠 발목 휘갈기며, 태양의 얼굴을 할퀸다. 핏빛 노을 가득 쇠기러기 떼 타는 냄새. 예견된 패배의 공명(共鳴)은, 숭고하다.

Montage 3

먹구름이 밀려온다. 천둥이 친다. 번쩍, 하늘의 실핏줄이 터진다. 따뜻한 방에 앉아 내다보는, 창밖 검은 숲의 숨겨진 얼굴. 점멸(點滅)하는 정신의 흉터들이, 늑대처럼 달려든다.

얼굴 없는 얼굴로 하늘을 떠다니는 검은 구름의 흰 채찍, 긍정과 안락으로 굳어버린 세계의 이마를 내리치는, 찰나의 틈. 거울의 누전이다.

한 번의 스파크로 너/나의 가죽을 찢어버리는 번개의 폭력, 지붕을 뚫고 떨어지는 정신의 분열이다. 혁명이 내린다. 이제, 나가봐야겠다.

Montage 4

드라이를 했어야 마땅할 옷을 세탁기에 넣고 돌려 볼품없이 쪼그라져버린 몸/옷처럼, 나/세상은 불편한 교배(交配)를 또다시 시도한다.

유기견의 쇠 목줄처럼, 살쪄가는 것들의 피부를 거세게 파고드는 삶/시간의 녹슨 접촉. 관능의 침을 흘리며, 고통의 진주목걸이를 차고, 生/死의 침대에서 헐떡거리는, 몸/옷의 인공수정에서 태어난, 나/돌연변이.

지루한 모(矛)/순(盾)들이 희망처럼 세계를 배회할 때, 영혼의 가스 밸브를 열고, 살갗/공간의 두 면을 강제로 합선시키는, 비명과 혁명의 오르가즘. 그래야 마땅할 여기/저기.

Montage 5

시간의 관절 마디마디를 분절하며 악착같이 꽃이 진다, 공간의 칼날이 잎사귀 찢어가며, 피 묻은 향기를 훅훅, 아찔한 줄기의 비명들도 덩달아 들판에 흥건,

푸른 가위 소리를 내며, 바람이, 싹둑싹둑 꽃들의 목을 베며 들판을 배회하는, 채칼에 썰린 무처럼, 수북이 쌓여가는 꽃/나의 불결한 흠/때가 여기/저기 봉긋,

죄가 절단하며/되며, 흘러가는 바람일 뿐이라고, 죽음도 퇴로가 없고, 신(神)조차 우연하고 깨끗한 사건에 깔려, 객사해버린, 폐허의 꽃밭에서, 내가 나를 버리고, 슬쩍,

삶의 반을 관념적으로 비웃는다고 해서, 새로워질 것 하나 없는, 차가운 언어들로부터, 잘살아보자며, 구더기처럼, 스멀스멀……, 위/아래 없이, 구부러지는 중력의 시간.

목련

1.

낡은 목선(木船)을 타고 내려온 꿈들의 조용한 몰락. 잎보다 꽃을 먼저 내미는, 서툴고 아픈 첫사랑의 귀환. 어제보다 화려한 오늘의 꿈으로, 내일의 죽음을 망각하는, 너는 눈물 가득한 감각의 오열.

2.

거울을 처음 본 원시(原始)의 처녀처럼, 낯설고 설레는 눈빛으로 웃고 있는, 너의 깨끗한 살 냄새. 바람을 타고 내려와, 빈곤한 내 창문에 서툴게 정박한 천상의 음악. 두 눈으로 듣는 샛별의 몽글한 하품, 벌어진 입술 사이로 보이는 하얀 목젖의 꿈. 선율보다 앞선 몸의 떨림으로, 미리 꽃망울을 피워버린 오월의 얇은 신음 소리.

3.

마당 귀퉁이에, 불임(不姙)처럼 앉아 있는 민들레꽃이 떨어져 시든 목련꽃의 집착을 몸살처럼 움켜쥐고 있다. 뒤집어진 꿈속에서, 젖은 입들이 아침의 발목을 핥는다.

사이렌

1.

유혹의 소리를 듣지 못했을 때, 나의 삶은 방바닥 같은 권태였다. 앞마당에 윙윙거리는 벌들의 지루한 일상, 소년병처럼 일어서는 환삼덩굴의 무모함. 그것들은 모두 소음의 창궐이었다. 귀를 틀어막고 몸부림쳤던 오디세우스의 심장에, 어떤 새가 황홀의 노래를 들려주기 전까지, 나는 차가운 서랍이었다. 꽃을 피우고, 열매를 맺고, 씨앗으로 회귀하는 하찮고도 위대한 일들의 정체와 내일로 미뤄져야 하는 꿈들의 경련을 헤아리지 못했던, 맹목의 땡볕이었다.

2.

유혹의 날카로운 부리가 나의 심장을 무심히 쪼았을 때, 몇 방울의 미친 소리가 나를 흥건히 적셨고, 목 내밀고 발기(勃起)하는 마른 씨앗들의 뜨거운 고함은 태양이 되었다. 나의 귀는 발이 되어 운명의 먼 길을 황소처럼 걸어간다. 끝이 보이지 않는 오솔길의 등짝을 밟고 가는, 발바닥의 붉은 히스테리.

3.

바람이 좋고, 반(半)만 핀 홍매화의 얼굴이 좋다. 간절하고 고독하고 쓸쓸했던 중심들의 마른 벽(壁)들이 부서지는, 오늘이 내일로 유혹하는, 이 속절없는 몸들의 와해. 주머니 속의 비밀처럼 환환, 소리의 경련들.

내면

1.

검은 빗소리가 창문을 두드린다. 라흐마니노프의 피아노 협주곡이 땅 밑에서 안개처럼 피어오르고, 저 너머 산에서 흰 새가 바람보다 낮게 날아와 논바닥에 내려앉는다. 각다귀처럼, 가로등 불빛을 타고 올라가는 개구리들의 새카만 목청들, 저벅저벅 발 맞춰 밀려오는 어둠의 행렬, 소쩍새 울고 또 울어 겹겹이 짙어만 가는 뜰 앞의 영산홍.

2.

바람이 핥고 빗방울이 스며 더 애틋해진 붉은 꽃술 사이로, 뜨거운 문이 열린다. 문안에서 어떤 사내가 회한의 짧은 목을 쓰다듬는다. 쿵쿵쿵 걸어 나오는 암흑의 뿌리들이 심장을 휘감는다. 그는 나였음으로, 나는, 문을 넘어뜨린다. 문은, 길이 되었고, 나는, 옷을 벗고, 사지(四肢)를 쇠못으로 긁으며, 타자들의 사막으로 형벌처럼 달려간다.

3.

음악이 끝나고, 길은 다시 문이 되었다. 이슬처럼 모두 쓸쓸해져서, 열두 쌍의 늑골이 폐가(廢家)의 기둥처럼 차례로 무너진다. 내가 없는 세계가 그리웠고, 나만 있는 세계가 더 그리워지는 모순의 통곡. 푸른 새벽이 수국(水菊)처럼 운다. 나는 살고, 꽃들은 죽었다. 실존(實存)은 부재(不在)의 히스테리, 나는 어쩔 수 없는 풍경의 파국.

옥상

어디서 왔는지, 검붉고 긴 지렁이 한 마리가 옥상 녹색 우레탄 바닥에서, 꼬불탕꼬불탕 춤을 춘다. 붉은 태양 아래서, 도돌이표처럼 죽음을 똘똘 말고 또 말아가며, 보이지 않는 벽 속의 문을 향해 기어간다. 트위스트 추면서, 깜깜하고 긴 터널의 시간을 굴러, 죽음의 까만 느낌표를 바닥에 비문(碑文)처럼 남기고, 육자배기 가락처럼 떠난다. 전깃줄에 앉아 옥상의 정수리를 쪼아대고 있는 비둘기의 권태. 어쩔 수 없다며, 또다시 일상의 계단으로 내려가는, 지친 얼굴. 짧은, 여생의 정오, 중력의 사다리 끝에 매달려 늙고 있는, 목숨.

사과나무

1.

텃밭에 사과나무 두 그루를 심는다. 나는 안다. 허약한 곁가지의 삶을. 이제 구덩이를 파자.

2.

세계의 지붕을 찢으며 지옥의 한 시절 방랑을 했던 어떤 시인의 기행과 커다란 발걸음으로 자기의 시간을 뛰어넘는 영웅들의 과오. 나는 부러웠다. 두 그루의 사과나무에 열매가 맺히길 바라며, 내 혀의 조급함을 매장한다. 꽃을 피워야 하는 식물들의 악착을 슬퍼하지 말자. 살아야 하는 이유보다 죽어야 한다는 명분의 삽질로, 바람처럼 여기를 지나가자. 다이너마이트처럼, 존재의 자폭을 기약하며, 오늘의 적막으로 사과나무 옆에 나의 발목을 묶어두자.

3.

사과나무의 침묵. 열매를 향한 집념. 나에게 없는, 무목적의 숭고함. 구덩이 속에 바글거리는, 세계의 불만과 나의 콤플렉스. 꽃은 피리라.

텃밭

1.

어떤 전제(前提)가 잡초를 창조했다. 잡초는, 나의 취미의 텃밭에서 가꿔지는 미의 행렬을 가로막는 불쾌한 적들이었으므로, 낫을 들이대도 될 것들이다. 호명이 필요 없는, 잉여들의 끝없는 과잉. 손톱 빠지도록 뜯어내도, 질리도록 목숨 물고 늘어지는 뿌리들의 잔혹한 연대(連帶)와 묶인 것들의 발악, 그것은 내가 미뤄 둔 필연의 자명한 사건이다.

2.

송곳처럼 등짝을 쑤시는 정오의 태양이 나의 뇌 속에 붉은 현기증을 뿌린다. 뽑는 나와 뽑힌 잡초가 하나가 되어 햇빛에 타들어간다. 어떤 전제 아래 나는 잡초고, 잡초는 나다. 그들은, 서로가 호명이 필요 없으므로, 살아있는 무(無)의 질긴 악수다. 원뿔의 꼭짓점으로 수렴되는 통증, 그것이 시간의 실체다. 동그란 것들이 무한하게 자기의 죽음으로 수렴될 때, 생의 절규는 뜨거운 한 점의 씨앗이 된다. 그러므로 세계는 발아하는 고통들의 무분별한 응축이다.

3.

새들이 지저귀고, 바람이 불고, 너를 그리워하고, 누군가를 애도하고, 아낌없이 그 짓을 하는 일대의 사건들이 수런거리는, 어느 여름날의 빅뱅.

유다의 씨앗

성실한 고독으로 썩어가는, 나! 정말 거북하다. 이제, 빈 밭의 쭉정이다. 누구에게도 피해를 주지 않았던, 무관심과 침묵의 사팔뜨기 얼굴로 딴 곳 바라보는, 멍든 울음 삼키며 그동안 충분히 힘이 들었다고 중얼거리는, 유다의 입술. 목숨으로 목숨을 팔아 한 평의 지옥을 발밑에 뿌렸으니, 그 사연도 한 번의 원칙처럼 설핏은 아름다웠겠지. 살아 몸부림치는 일이 꽃들도 탄복할 만한 씨앗 속 지진이라면, 너희가 밟고 일어선 꿈이란 다 타버리고 냄새만 남아 피밭을 누비는 세계의 잔혹은 아니었겠는가? 눈 비비자 싹 트는 먼 하늘의 후회, 내 목을 걸어 매달아야 할, 어떤 씨앗의 고백.

해설

조각난 상처들의 모자이크

성귀수(시인·문학평론가)

*이론

—시(詩)는 시가 무엇이냐는 질문의 총량(總量) 이상도 이하도 아니다.

—시란 무엇인가가 아니라 무엇이 시인가를 묻는 순간 시는 사라진다.

—시를 사랑하는 것은 시를 아는 것과는 별개이나, 그 앎을 의식하는 것과는 불가분이다.

—사랑인 줄 알고 사랑 아닌 사랑을 하는 사람과 사랑인 줄 모르고 사랑을 하는 사람은 서로 사랑하는가?

—보통 시인들은 어휘 선택을 할 때 청각영상의 연계성이나 비유의 연쇄적 고리를 따라 자기도 모르게 조화로움의 미덕을 좇기 마련이다. 이는 음악성이나 조형성과 관련한 시적 가치를 무의식적으로 학습한 결과인데, 신종호 시인의 『모든 환대와 어떤 환멸』에 수록된 시들은 이런 보편적인 강박에서 완전히 벗어난 듯 보인다. 대신 처음 읽는 순간부터 가슴 벅찬 시의 첫인상이 무척 '불친절'하다. 주체할 수 없이 많은 할 말들이 불균질한 밀도로 엉겨 붙은 시편 하나하나가—보기 좋게 다듬은 인조보석이 아니라—성벽(城壁)을 때리는 투석용 화강암 덩어리 같다.

—나는 전체적으로 다양한 각도와 방향에 따라 시집을 정독했다. 가로와 세로, 대각선, 나선의 패턴으로 읽었고 또 거꾸로 읽었다. 여러 차례 그런 방식의 읽기를 고집하는 가운데, 서로 멀리 떨어진 이미지들이 가까워지고 가까운 이미지들이 서로 멀어지면서, 처음에는 보이지 않던 어떤 의미의 망(網)들이 서서히 드러나는 걸 관찰할 수 있었다. 그 내용을 밑에 정리해두었다. 투석용 암석의 미세한 균열일지, 까마득한 밤하늘 별들의 궤적일지는 모르나, 그것이 그려 보여주는

시인의 모습은 저항하는 자였다. 세계 속의 고독, 그 극심한 불화에 맞서 은밀하게 그러나 전존재를 던져, '불안'을 무기로 저항하고 있었다.

—어떤 시를 이해하는 것은 그것을 쓴 시인이 아니라 언제나 〈나〉를 이해하는 일이다.

***관찰**

—불협화

자학의 퍼포먼스인 구두점들이 문장을 히스테릭하게 재단한다. 『모든 환대와 어떤 환멸』은 세상을 살아가는 한 사내의 의식을 모질게 흔들어온 심리적 균열과 파열, 뒤틀림의 흔적들로 가득하다. 주목해야 할 것은 그런 심리현상들이 의식의 진로를 단절하기보다는 굴절시킴으로써 현실을 왜곡하고 편집해간다는 사실이다. 이는 객관과 주관, 타자와 자아가 서로 엇갈림 속에 교접하는 독특한 방식을 보여주며, 의식이 세상을 받아들이는 과정에서 일어나는 인지(認知)기능의 교란 내지 합선(合線)을 암시한다. 모호로비치치 불연속면의 세계는 그렇게 시인의 뇌를 모자이크해 나간다. 지각과 맨틀의 경계인 불연속면의 속성은 굴절과 변칙적 파장이다. 세계는 사건들을 통과하면서 굴절하여 의식에 기형의 파장을 아로새긴다. 사건들이 뇌 구조를 모자이크하면서 세계 자체가 의식 속에 짜깁기되는 이유다. 이를테면 입체파 화가들의 편집광적 시각이 사물을 해체하여 독자적인 논리로 재편하는 것과 유사한 상황이 벌어진다. 모자이크 공정을 거친 나는 파편화(破片化)된 존재일 수밖에 없다. 입과 눈과 달팽이관은 나와 세상의 접점이자 조각난 상처들이다. 파편화의 의미는 결국 나의 통각(痛覺)들로 재구성되는 세계에서 찾아야 한다. 모자이크 속에선 매우 이상한 현상들이 벌어지기 때문이다. 가령 영혼의 둥근 창인 거울을 산산조각 낸 주모자가 바로 산산조각 난 거울 속의 나다. 집단화한 가학(加虐)의 화신인 타인들의 존재에도 불구하고 왜곡의 공간인 거울 안쪽에서 나를 주시하는 장본인은 항상 뒤집어진 나이기에 그렇다. 깨진 거울의 세계인 조각난 상처들의 모자이크는 그런 의미에서 내가 없는 동시에 나만 있는 세계의 모순을 확장한다. 세계 속의 자아는 처음부터 불협화의 의식에 시달리고 있었다. 시집을 열자마자 문(門)이 뒤틀렸고, 그것은 말 그대로 관계의 일탈이자 소통의 엇갈림을 예감케 했다. 여기에 거의 매순간 욕망의 불합치성이 개입한다. 현실인식의 좌표에서 자아를 역치(易置)하거나 전치(轉置)하는 것이야말로 욕망의 속성이다. 늘 앞서거나 뒤섬으로서 현실에 합치하지 못하는 욕망의 혼돈이 나를 내 뒤의—또는 앞의—너로 소외시

키고 만다. 인칭의 교란과 더불어 슬래시(/) 역시, 적어도 이 시집에서는, 불협화의 심리적 증후를 표면화하는 기호다. 두 단어를 충돌시켜 의미의 양면을 강제로 합선시키는 욕망의 무모함/비장함이 불안감을 주는 사선으로 가시화된다. 우발적인 것들의 엇갈림 혹은 들꽃들과 들꽃 아닌 것들의 만남이 집단적으로 발작하면서 세상이 단풍잎 같은 폐렴을 앓는 것은, 앞서 암시한 대로, 불협화에 대한 시인의 고유한 인지 스타일과 관련 있다. 그것은 일종의 체감각적(體感覺的) 자각으로 불러도 좋을 만큼 뚜렷하게 강박적이다.

—꽃

꽃은 실존의 결정체다. 꽃은 죄(罪)로 수렴하는 통증의 왜곡이자 우주의 장난이다. 어제보다 화려한 오늘의 꿈으로 내일의 죽음을 망각하는 감각의 오열이다. 꽃은 불가역적으로 씨앗을 이탈하는 욕망이다. 욕망의 단자(單子)로 화한 꽃은 무엇보다 정념(情念)의 언어이기도 하다. 죽음을 향한 삶의 질투 속에서 하나의 현상으로 화했다가, 기억의 관절을 마디마디 분절하는 가운데 은빛 모래로 함몰하는, 다분히 퇴행적인 에너지가 꽃이다. 존재의 자폭은 통각점(痛覺點)들을 동시다발적인 풍병(風病)으로 휘몰아 노란 화농균들로 춤추게 한다. 그 진창과 안개, 전염(傳染)과 우기(雨氣)의 틈새로 뒤틀린 괄호가 열리는 순간, 사막으로 뛰쳐나간 자가 살면 꽃이 죽고 사막으로 뛰쳐나간 자가 죽으면 꽃이 산다. 결핍의 씨앗인 은유와 그 허영인 꽃의 몸부림을 조급한 노예들의 혀가 핥아대는 동안 바람의 뼈가 침묵을 파고드니, 꽃의 몸부림은 환대의 언어, 바람의 뼈는 환멸의 언어임이 틀림없다.

—자해(自害)

상처는 세상과 자아의 접점이다. 통각이 모여 실존의 경계를 이루는 그곳은 의식이 붕괴하거나 무의식의 각성이 일어나는 특이점이다. 인간은 상처를 기점(起點)으로 세상을 향해 잠들거나 깨어난다. 통증이 의식을 삼키면서 몸을 일깨우거나, 몸을 삼키면서 의식을 일깨우는 것이다. 이 과정에서 자기파괴적인 감정의 출현은 특히 의미심장하다. 가령, 붉은 눈의 주인공은 칼로 째 고름을 빼낸 눈으로 능소화를 응시하고 있다. 그는 꽃가루에 눈을 비벼 여름 한철 눈멀고 싶은 욕망을 가졌다. 심지어 그는 스스로 두 눈을 찌른 두더지다! 욕망의 좌절에 따른 트라우마가 자해라는 자기파괴의 제스처를 낳으려면, 심리적 상처와 관련하여 피동(被動)에서 능동(能動)으로 옮겨가는 인식의 전환이 있어야 한다. 요컨대 세상으로부터 내가 입는 상처가 어떤 논리에서인지 내가 나에게 가하는 상처로 치환되어야 하는 것이다. 『모든 환대와 어떤 환멸』에 대한 이해의 중요한 열쇠 중 하나가 그 논리로 이루어졌을지 모를 만큼, 자기파괴의 심리적 메커니즘은 이 시집에서 중요하다. 비교적 간명한 하나의 장면을 상상해보자. 지금 나는 얼굴에 상처를 입었다. 통증을 동반한 상처는 나의 자의식을 고통이라는 압도적인 체감각 속에 묻어버린다. 나는 상처가 환기하는 고통과 하나가 되어 있다. 여기에 거울 혹은 거울의 기능이 개입한다. 거울은 자의식의 도구이자 왜곡의 장치다. 이제 거울의 반사면을 경계로 '나'는 '상처 입은 나'와 '상처 입은 나를 바라보는 나'로 나뉜다. 자의식의 분열, 고독의 분열이다. 이런 분열을 통해서 고통의 당사자는 마치 도마뱀의 꼬리에서 도마뱀이 도망치듯, 깨진 무릎에서 상처가 도망치듯, 통증에서 벗어남과 동시에 고통의 주모자로 탈바꿈할 수 있다. 고통을 기폭제로 한 자아의 분열이 정체성의 망상으로 확대되는 과정에 결정적으로 작용하는 것은 현실을 왜곡할 만큼 강력한 욕망의 논리다. 눈먼 두더지의 경련과 질투가 땅속의 마그마로 존재를 이끄는 것이다. 들꽃의 죽음을 분석하는 눈에는 독(毒)이 차오르고, 눈먼 두더지의 망상에 시달리는 자가 태양에게 자신의 눈알 두 개를 던져준다. 자기 신체 일부를 훼손 내지 절단함으로써 황홀경에 이르고자 하는 신체절단증후군(apotemnophilia)의 신화적 버전이다. 눈알을 뽑아버려 기어이 불을 밝히겠다는 것이다. 알몸뚱이 사지(四肢)를 쇠못으로 긁거나, 대못 솟은 미끄럼

틀에 누워 등짝에 붉은 오선지 그어가며 악(惡)을 잉태하겠다는 것이다. 악이란 하나의 기획(企劃), 은유를 발생시켜 현실을 편집하는 통증의 정신물리학적 기능이자 모자이크를 디자인하는 욕망이다. 자상(刺傷), 좌상(挫傷), 절상(折傷), 절창(切創), 파열(破裂), 파쇄(破碎), 세절(細切)의 이미지들로 온통 실핏줄 터진 나의 얼굴에서 세상의 얼굴이 사라진다. 그것은 붉은 눈과 뭉그러진 잇몸과 금니 몇 개, 목젖과 묵은 혀와 달팽이관이 떠다니는 하나의 흉터, 편집(編輯)된 세계다. 적출된 상처들이 더 민감한 감각기들로 재탄생하고 통증 하나하나가 더 아픈 자극들로 재창조되어, 고통으로 재편된 욕망의 모자이크가 완성되는 것이다. 자해가 낳은 뒤틀린 감각기들이 뇌척수 신경계를 이탈하면서 열어갈 초(超)뇌적 지각패턴들은 언어의 얼굴에 고스란히 아로새겨질 것이다. 그러기에 노을의 문신을 각인하려면 추억에 손톱자국을 남겨야 하고, 사랑의 허기를 일깨우려면 스스로 목을 졸라 감각의 관절 마디마디를 일일이 부러뜨려야 한다.

—**얼굴**

실존은 불안을 낳고 불안은 은유를 낳는다. 은유란 가면 쓴 자의 얼굴이니, 그는 태양의 뒤편에 앉아, 소실(燒失)되지 않을 이름과 그 추억의 한 시절인 검은 얼굴을 지켜본다. 그의 얼굴은 삶의 역동성에서 이탈한 비인칭의 고독이며 정체성이다. 그것은 삶이 동시다발적으로 마모되면서 걷잡을 수 없이 뭉그러진 어떤 표정의 잔해이기도 하고, 체험의 파편들로 조각조각 모자이크되는 상처이기도 하다. 그의 깨진 얼굴은 상처 난 세계에 대한 안면인식(顔面認識)이다. 그런 뜻에서 얼굴이란 일종의 강박이고, 은유이며, 의미의 응어리다. 얼굴은 실존의 기호현상(semiosis)이자, 의미의 생성 가능성이다. 의미의 속성이 왜곡과 이탈인 점을 감안할 때 얼굴은 편집 가능한 현실, 왜곡의 매질(媒質)로도 이해할 수 있다. 따라서 그가 얼굴을 갈아치우는 것은 고독의 날갯짓으로 어떻게든 바람의 틈새를 여는 행위이며, 의미를 칼질하여 강철 무지개를 읽어내는 일이다. 얼굴의 위상(位相)을 추적하는 작업은 신체훼손이 어떻게 실존의식을 왜곡하고 편집하는가를 의미론적으로 읽어나가는 일과 겹친다. 이를테면 얼굴의 껍질 또는 가면을 수백만의 이빨로 씹어 삼킨 뱀이 무한 반복 미로(迷路)의 독백을 게워낼 때, 그것이 은유의 각도로 배열된 거울들의 불안이고—거울이 거울을 마주하면 끝없는 자살의 연쇄가 가능하다!—, 기호의 제국이며, 붉은 망에 담긴 너와 나의 양파 즉, 의미의 중첩구조이자 콤플렉스임을 이해하는 것은 해당 국면의 메타적 해석에서 매우 중요하다.

—쇄빙선

쇄빙선의 돌진, 날갯짓과 칼질, 뿔의 들이받기와 창(槍)의 찌르기, 나아가 이빨, 송곳, 부리, 가시의 날카로움은 상상계의 동일한 운동영역(motor area)에 속한다. 그것은 일관되게 격파 내지 관통을 특징으로 하는 창조성의 어떤 유형을 내재화하여, 앞서 살펴본 신체훼손과 의식의 편집이라는 테마를 보다 심화된 차원으로 압축한다. 가령, 쇄빙선이 빙막(氷膜)을 찢고 얼음의 관절을 꺾어 첫사랑의 옥죈 다리를 열어제치는 대목에서 읽히는 것은, 불가역적인 현실논리를 굴복시켜 순수한 쾌락에 이르고자 하는 집념이다. 두드러진 점은 상처 또는 통각점들로 파편화된 자의식이 축소되는 대신, 일종의 사이코이드(psychoid)를 표방하는 예각의 이미지들이 전면에 등장하여 창조적 에너지를 강하게 환기한다는 사실이다. 특히 쇄빙선은 자아와 동일시됨으로써 시인의 페르소나와 같은 위상을 점하는데, 그로부터 모든 창조적 파괴의 도구들은 시인 자신인 '영혼의 쇄빙선'의 변이형들임이 분명해진다. 이를테면, 우주의 황홀한 구멍을 열어 살과 뼈와 지상의 순결한 꿈들을 오로라처럼 춤추게 해줄 불꽃같은 뿔은, 노목(老木)처럼 굳은 심장을 하염없이 찍어대는 비탄의 뿔이요, 피안의 별빛으로 빛나면서 불타오를 부러진 뿔이기도 하다. 그리하여 순록의 뿔인 영혼의 쇄빙선은 뼛속 깊이 숨어 있는 시인의 칼날이거니와, 사물의 하얀 속살인 의미만을 적출하는 정신의 단정한 칼질이다. 그것은 황홀한 바람의 간격을 맛보는 날갯짓이며, 목구멍 깊숙이 불안을 삽입하는 언어의 발기력(勃起力)이자, 뿌리의 몰락을 예감하면서 지구의 심장을 관통하는 시(詩)정신이다. 따라서 눈먼 두더지의 질투인 쇄빙선의 돌진은 상처의 안쪽에 바람의 얼굴을 새겨, 그 상처의 소금이 되리라 쓰라린 다짐을 씹어보는 불온한 상상이다.

이 도서의 국립중앙도서관 출판시도서목록(CIP)은 서지정보유통지원시스템 홈페이지(http://seoji.nl.go.kr)와 국가자료공동목록시스템(http://www.nl.go.kr/kolisnet)에서 이용하실 수 있습니다.(CIP제어번호: CIP2017001194)

시인동네 시인선 071

모든 환대와 어떤 환멸

초판 1쇄 인쇄 2017년 1월 16일
초판 1쇄 발행 2017년 1월 23일
지은이 신종호
펴낸이 고영
책임편집 류미야
디자인 헤이존
펴낸곳 문학의전당
출판등록 제2017-000002호
주소 서울시 마포구 마포대로 11길 91, 3층
전화 02-852-1977 팩스 02-852-1978
전자우편 sbpoem@naver.com

ISBN 979-11-5896-301-9 03810